T0192932

My Final Thoughts & Wishes

The Questions You Always Wanted to Ask Me Before I Go

NEW HOLLAND

My Final Thoughts & Wishes

My Childhood

I was born on ..../......../.......... at .... at time ....

My mother's name was ....

My mother's occupation was ....

My father's name was ....

My father's occupation was ....

I lived at ....

What I recall about my childhood was ....

....

....

What school did I attend? ....

My fondest memories about my school days were ....

....

....

....

My siblings were ....

....

....

What I knew about my mother & her family was ....

....

....

What I learned from my mother that I still hold to this day was ....

....

....

....

What I knew about my father & his family was . . . .

. . . .

. . . .

. . . .

What I learned from my father that I still hold to this day was . . . .

. . . .

. . . .

. . . .

Other very special family members that influenced my life were . . . .

. . . .

. . . .

. . . .

. . . .

When I was growing up I often talked about what career I would do when I grew up and it was

. . . .

. . . .

I was interested in hobbies and sport like . . . .

. . . .

. . . .

. . . .

My best childhood friend was . . . .

All in all, I felt my childhood was . . . .

. . . .

. . . .

. . . .

My Adult Life

My first job was . . . .

My best role was . . . .

The first home I lived in when I left my parent's home was at . . . .

... then I lived at . . . .

When I was a young adult I loved to . . . .

When I was a young adult I believed . . . .

. . . .

On the weekends I liked to . . . .

My passion and hobbies were . . . .

. . . .

My first love was . . . .

. . . .

Other relationships that were important to me or had meaning in my life . . . .

. . . .

. . . .

My children . . . .

. . . .

. . . .

. . . .

My children's other parent/s was . . . .

. . . .

My wishes for my children were . . . .

. . . .

. . . .

If I had stepchildren it would be important for me to express . . . .

. . . .

. . . .

. . . .

I was married to . . . .

. . . .

. . . .

I didn't have children because . . . .

. . . .

. . . .

. . . .

. . . .

. . . .

What was important about my family . . . .

. . . .

. . . .

. . . .

What I want my partner to know . . . .

. . . .

. . . .

. . . .

. . . .

. . . .

. . . .

. . . .

. . . .

My life was about . . . .

What I loved about my life was . . . .

. . . .

. . . .

. . . .

. . . .

. . . .

. . . .

. . . .

. . . .

I regret I didn't . . . .

. . . .

. . . .

I missed doing . . . .

What I wished I knew about life that I know now . . . .

. . . .

. . . .

. . . .

. . . .

. . . .

My greatest strengths are . . . .

. . . .

. . . .

A weakness of mine was always . . . .

. . . .

. . . .

Insert

photo

here

What I have learned along the way

The biggest home truth I know is ....

....

....

....

....

....

I now know that ....

....

....

....

The hardest lesson I had to learn in life was ....

....

....

....

....

What gave me strength in my life was ....

....

....

....

....

What brought me happiness was ....

....

....

....

I regret not

I wish I had

One of my greatest achievements was

Something that has bothered me my entire life was

Love was in my life because

I want to be remembered for

My Health

My health has been . . . .

In terms of health, my history has been . . . .

What I think my health will be like in future years . . . .

What has surprised me about my health has been . . . .

What I think my health issues will be in my final stages of life . . . .

I would truly love to live out my final days at . . . .

. . . .

If I was to be placed in a medical/nursing facility I would feel . . . .

. . . .

. . . .

. . . .

If this was to be the case I would like . . . .

. . . .

. . . .

. . . .

. . . .

. . . .

. . . .

. . . .

. . . .

One of the most important things to me would be . . . .

. . . .

. . . .

. . . .

. . . .

. . . .

If my quality of life was been questioned by my loved ones I would prefer to . . . .

. . . .

. . . .

If I'm terminal please do or do not resuscitate me . . . .

. . . .

My Final Wishes

I would like my service to be at . . . .

. . . .

I would like this person to perform my service . . . .

I would like the Eulogy done by . . . .

And don't forget to mention in the Eulogy . . . .

. . . .

. . . .

. . . .

. . . .

Others I would like to say a few words about me . . . .

. . . .

. . . .

. . . .

. . . .

Music to be played on arrival would be . . . .

. . . .

Poems or verses I would like read (and the people I want reading them) . . . .

. . . .

. . . .

. . . .

. . . .

How I feel about flowers and the budget for flowers . . . .

. . . .

Music during the service . . . .

Music as I'm leaving . . . .

What music meant to me . . . .

. . . .

The music I loved the most . . . .

. . . .

. . . .

. . . .

. . . .

. . . .

. . . .

Photos during the service . . . .

. . . .

. . . .

. . . .

What I would like to be dressed in . . . .

. . . .

. . . .

Please place these important items with me . . . .

. . . .

. . . .

. . . .

. . . .

. . . .

. . . .

I would like to be buried or cremated . . . .

What I think happens to me when I pass

What I don't want to happen at my service

While I wonder what I will be remembered for I would like to think it was for

My wake should be held at . . . .

. . . .

. . . .

And I would like at my wake . . . .

. . . .

. . . .

. . . .

. . . .

. . . .

. . . .

. . . .

. . . .

The food I loved and would want to be served would be . . . .

. . . .

. . . .

. . . .

. . . .

People who would just turn up for a free drink would be . . . .

. . . .

. . . .

I wouldn't worry about . . . .

. . . .

. . . .

And it wouldn't upset me . . . .

. . . .

. . . .

My Last Will and Testament

My will is kept at . . . .

. . . .

The executor(s) are . . . .

. . . .

. . . .

What is important to me at this point is . . . .

. . . .

. . . .

. . . .

. . . .

. . . .

. . . .

. . . .

. . . .

. . . .

What I don’t want to happen is . . . .

. . . .

. . . .

. . . .

. . . .

. . . .

. . . .

. . . .

. . . .

Things I left out of my will

I have a few things that I left out of my will that I want to go to the following people or charities:

. . . .

. . . .

. . . .

. . . .

. . . .

. . . .

. . . .

. . . .

. . . .

. . . .

. . . .

. . . .

. . . .

. . . .

. . . .

. . . .

. . . .

. . . .

Signed by me . . . .

Date . . . .

Witness . . . .

Date . . . .

If I have left a home in my will I would like . . . .

. . . .

. . . .

. . . .

Please shut down (or leave open) my social media platforms like Facebook . . . .

. . . .

. . . .

My User Name and Passwords:

Internet	. . . .	. . . .
Mobile phone	. . . .	. . . .
Phone	. . . .	. . . .
Computer	. . . .	. . . .
	. . . .	. . . .
iPad	. . . .	. . . .
Netflix	. . . .	. . . .
Streaming service	. . . .	
iTunes	. . . .	. . . .
Facebook	. . . .	. . . .
Social media	. . . .	. . . .
	. . . .	. . . .
	. . . .	. . . .

A few hidden places I have kept things

. . . .

. . . .

. . . .

. . . .

. . . .

. . . .

Things to cancel when I'm gone

. . . .

. . . .

. . . .

. . . .

. . . .

. . . .

. . . .

. . . .

. . . .

. . . .

. . . .

Thing of no value but mean something to me I would like . . . .

. . . .

. . . .

I would like my pets to be rehomed with . . . .

. . . .

. . . .

. . . .

From here

When someone has passed on it is important to ....

....

....

....

....

....

....

....

....

....

....

....

....

....

....

....

....

....

....

....

....

....

I hope for my loved ones, family and friends . . . .

For my children, stepchildren and godchildren or those I felt were like one of my children.

My hopes and wishes for my children are ....

My Final wishes are

First published in 2019 by New Holland Publishers
London • Sydney • Auckland

131–151 Great Titchfield Street, London WIW 5BB, United Kingdom
1/66 Gibbes Street, Chatswood, NSW 2067, Australia
5/39 Woodside Ave, Northcote, Auckland 0627, New Zealand

newhollandpublishers.com

Copyright © 2019 New Holland Publishers
Copyright © 2019 in text: New Holland Publishers
Copyright © 2019 in images: New Holland Publishers

All rights reserved. No part of this publication may be reproduced, stored in a retrieval system or transmitted, in any form or by any means, electronic, mechanical, photocopying, recording or otherwise, without the prior written permission of the publishers and copyright holders.

A record of this book is held at the British Library and the National Library of Australia.

ISBN 9781760790455
Group Managing Director: Fiona Schultz
Publisher: New Holland Publishers
Project Editor: Elise James
Designer: Yolanda La Gorcé
Production Director: James Mills-Hicks
Printed in China by Toppan Leefung Printing Ltd.

10 9 8 7 6 5 4 3 2 1

Keep up with New Holland Publishers on Facebook
facebook.com/NewHollandPublishers

UK £7.99
US $9.99